Así es mi mundo

LANZADERAS ESPACIALES

por Margaret Friskey

Traductora: Lada Kratky
Consultante: Orlando Martinez-Miller

*Este libro fue preparado
bajo la dirección de
Illa Podendorf,
antes con la Escuela Laboratorio de la
Universidad de Chicago*

CHILDRENS PRESS®
CHICAGO

El comandante y astronauta Joe Engle, a la izquierda, y Richard Truly, piloto, viajaron en el *Columbia* en su segunda misión de lanzadera espacial

FOTOGRAFIAS POR

National Aeronautics and Space Administration, NASA—2, 4, 6, 9 (2 fotografías), 11, 12, 13, 14, 16, 17, 20, 22, 23, 25, 26 (2 fotografías), 29, 30 32 (abajo), 36, 38 (2 fotografías), 41, 42 (2 fotografías), 44

Rockwell International—19, 32, (arriba), 35, 37, 40

Hughes Aircraft Company—28

Library of Congress Cataloging in Publication Data

Friskey, Margaret, 1901
    Lanzaderas espaciales.

    (Así es mi mundo)
    Incluye un índice.
    Resumen: Descripción del funcionamiento y de los usos de un vehículo que puede viajar repetidas veces entre la Tierra y una órbita espacial.
    1. Astronaves de uso repetido — Literatura juvenil. [1. Astronaves de uso repetido. 2. Vuelos espaciales.] I. Título.
TL795.5.F74   629.44′1   81-16648
ISBN 0-516-31655-9   AACR2

CONTENIDO

EL COLUMBIA

El reloj de conteo marca los últimos segundos. T-menos 5-4-3-2-1 . . .

Los motores propulsores rugen. El *Columbia,* la lanzadera espacial, despega.

El *Columbia* manifiesta un nuevo método de viajar en el espacio. Es una lanzadera espacial. A diferencia de las primeras astronaves, el *Columbia* puede viajar al espacio y volver una y otra vez.

Ya que una lanzadera espacial puede ir y volver, serán posibles muchas cosas.

Se podrá llevar gente y materiales al espacio. Y podrán volver.

Será posible construir una base en el espacio algún día.

Algún día la gente construirá y vivirá en colonias espaciales como la que vemos abajo. Viajarán al espacio y volverán a la Tierra en vuelos regulares de lanzadera espacial.

LA LANZADERA ESPACIAL

La lanzadera espacial alcanza grandes velocidades. Puede ir de los Estados Unidos a Europa en menos de 20 minutos. En ocho minutos puede cruzar el continente de América del Norte.

La lanzadera despega como un cohete. Pero aterriza como un planeador.

La lanzadera despega como un cohete. Pero aterriza como un planeador.

Usa sus tres cohetes
propulsores sólo para el
despegue. La lanzadera
necesita la gran fuerza de
los cohetes para impulsarla
más allá de la fuerza de la
gravedad de la Tierra.

La lanzadera espacial
está en su rampa de
lanzamiento. Vemos
su gran tanque de
combustible y cohetes
aceleradores.

El combustible para los
tres motores principales es
transportado en el exterior
en un enorme tanque.

Dos cohetes aceleradores
van asegurados a los lados
del tanque de combustible.
Añaden al impulso de los
tres motores principales.

Los dos cohetes aceleradores se separan de la lanzadera en el espacio. En este punto, la lanzadera está viajando a 1,997 kilómetros por hora.

Estos cohetes impulsan la lanzadera por dos minutos. Luego se separan. Caen en paracaídas en el océano. Son rescatados por barcos y son utilizados otra vez.

El gran tanque vacío se separa más tarde. Se deshace en el espacio. No se vuelve a utilizar.

Ahora dos motores más pequeños en la parte trasera empujan la lanzadera. Ponen la lanzadera en órbita alrededor de la Tierra.

Hay más de treinta pequeños propulsores alrededor de la lanzadera. Estos se usan para controlar la velocidad, el equilibrio y la dirección.

Vista de los dos niveles de la cabina de la lanzadera. El puente de vuelo está en el nivel superior. Los compartimientos de vivienda de la tripulación están abajo.

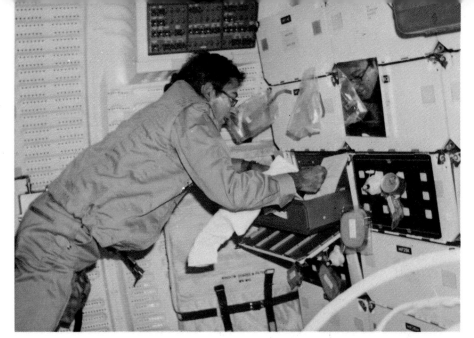

El astronauta John Young, comandante del primer vuelo del *Columbia,* termina de afeitarse en gravedad cero. Una bandeja para la comida está montada en la puerta del armario a la derecha para prevenir que flote en el espacio.

DENTRO DE LA LANZADERA ESPACIAL

En la lanzadera caben siete personas. Viven en un clima igual al de la Tierra, en una cabina de dos niveles.

El comandante y el piloto
de la lanzadera espacial
siempre serán astronautas.
Los otros probablemente
serán expertos en el
trabajo que se ha de hacer.

El puente de vuelo está
en el nivel superior. El
comandante o el piloto
pueden usar los instrumentos.
O las computadoras de la Tierra
pueden hacerse cargo de
dirigir la lanzadera espacial.

Los compartimientos de vivienda están debajo del puente de vuelo.

La lanzadera espacial no es una máquina sencilla. Es un milagro electrónico.

Un técnico revisa parte del equipo electrónico de la lanzadera espacial.

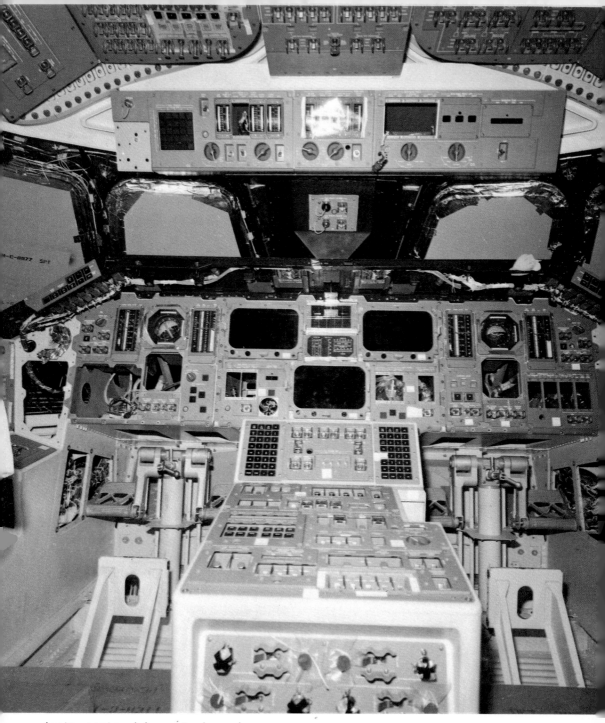

Instrumentos del puente de vuelo

Hay más de 200 "cajas negras" por la lanzadera. Hay más de 2,000 conmutadores también.

Hay muchos instrumentos en el puente de vuelo. Algunos se usan para el trabajo que se lleva a cabo en el compartimiento de carga.

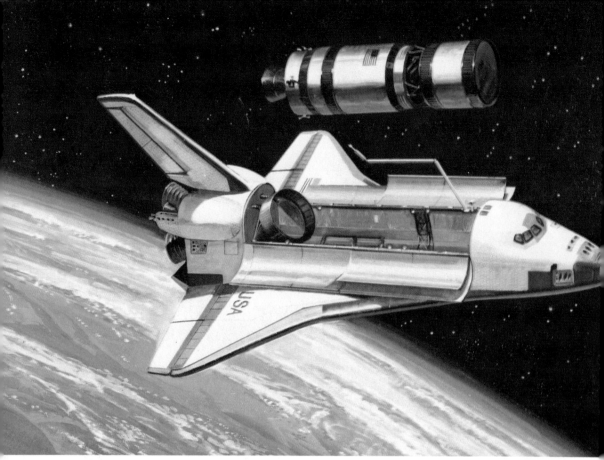

Con las puertas del compartimiento de carga abiertas, la lanzadera puede poner satélites en órbita alrededor de la Tierra.

El compartimiento de carga de la lanzadera es tan grande como un vagón de un tren. Sus puertas se abren como las conchas de una almeja.

Fotografía del compartimiento de carga tomada del puente de vuelo del *Columbia* durante su primera misión espacial.

Los trabajadores en sus
trajes espaciales pueden
entrar en el compartimiento
de carga por una cámara bajo
presión. En el compartimiento
de carga trabajan con la
facilidad que se adquiere al
casi no tener peso alguno.
Recuerda que la lanzadera
está volando fuera del alcance
de la fuerza de gravedad de la
Tierra. Las cosas que son muy
pesadas en la Tierra pesan
muy poco en el espacio.

El brazo mecánico de la lanzadera espacial se usa para mover cosas fuera
y dentro del compartimiento de carga.

El *Skylab* II tomó esta fotografía del *Skylab* I (arriba) en órbita alrededor de la Tierra. Más tarde el *Skylab* III sacó esta fotografía (abajo) de este huracán que se está formando en el océano Atlántico.

TRABAJANDO EN EL ESPACIO

Ya hay cientos de satélites que no están tripulados en órbita alrededor de la Tierra. Afectan a nuestra vida diariamente.

Un satélite meteorológico ayuda a pronosticar el tiempo. Puede encontrar un huracán y salvar muchas vidas.

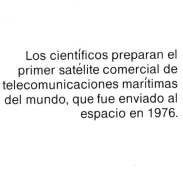

Los científicos preparan el primer satélite comercial de telecomunicaciones marítimas del mundo, que fue enviado al espacio en 1976.

Hay satélites de comunicación también. La gente de América del Norte puede ver un partido de fútbol en Italia como si tuviera asientos en la primera fila. La gente de Alemania o del Japón puede ver la Serie Mundial al mismo tiempo que se jeugan los partidos.

Un satélite le puede dar a
un barco su posición exacta
en treinta segundos en
cualquier clase de tiempo.

Otro toma fotografías de
la Tierra. Puede cubrir
cientos de millas cuadradas
en segundos.

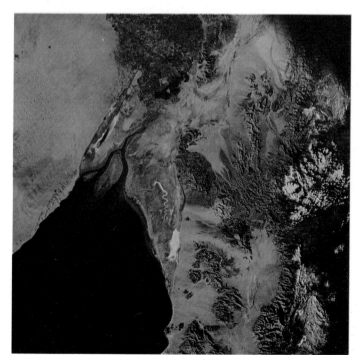

Fotografía infrarroja
de la boca del río
Colorado en el norte
de Baja California y
Sonora, México, vista
de una astronave en
órbita alrededor de la
Tierra.

El brazo de la lanzadera se extiende para poner un satélite en su compartimiento de carga.

La tripulación de la lanzadera espacial podrá colocar estos satélites en el espacio.

El gran brazo del transportador de carga puede extenderse y poner uno de éstos a bordo.

El laboratorio espacial (arriba) fue construido para que cupiera en el compartimiento de carga de la lanzadera. Abajo: En el futuro, se construirán estaciones espaciales activas, basadas en conceptos científicos probados en el laboratorio espacial.

Los científicos pueden
trabajar en el compartimiento
de carga. Si es necesario, el
satélite se puede llevar a la
Tierra para ser reparado. Luego,
se puede devolver al espacio.

Con la lanzadera, los
trabajadores pueden construir
estaciones de energía solar
en el espacio. En estas
estaciones la luz del sol se
podría cambiar a electricidad
y luego se podría emitir a la
Tierra para ser usada allí.

EL LABORATORIO ESPACIAL

Una de las cargas de mayor importancia transportadas por la lanzadera será su laboratorio espacial. Este ha sido construido por diez países europeos.

El laboratorio espacial cabe en el compartimiento de carga de la lanzadera. Tiene su propia sección para la tripulación. Aquí los científicos pueden trabajar sin trajes espaciales. Pueden

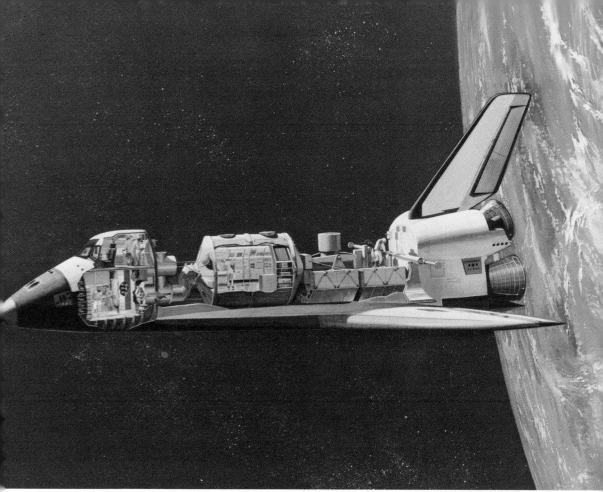

Adentro de la lanzadera y del laboratorio espacial la tripulación no tiene que usar trajes espaciales.

pasar por una cámara bajo presión a la cabina delantera debajo del puente de vuelo.

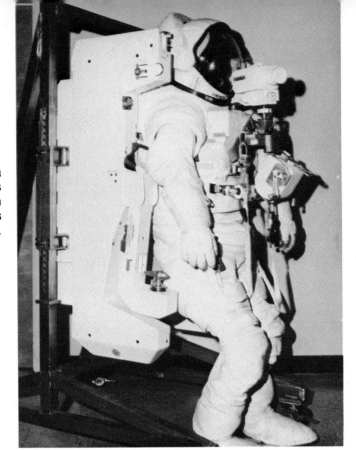

Para trabajar afuera de la lanzadera, los trabajadores deben usar trajes espaciales.

Para trabajar en la sección abierta del laboratorio, tendrán que usar trajes espaciales.

Los científicos del laboratorio espacial conducirán pruebas en medicina y fabricación.

Cuerdas salvavidas mantienen a los astronautas enganchados a la lanzadera. Sin estas cuerdas los astronautas se perderían en el espacio.

La lanzadera se puede volar dirigiendo sus instrumentos hacia la Tierra. Investigarán la Tierra en busca de minerales, contaminación, recursos de agua, infestación de cosechas y muchas otras cosas.

La astronauta científica Anne L. Fisher se entrena para futuras misiones de la lanzadera espacial.

El piloto astronauta Robert L. Crippen, en su primera misión en la lanzadera espacial, hizo ejercicios acrobáticos en gravedad cero mientras el *Columbia* estaba en órbita alrededor de la Tierra.

LA TRIPULACION DEL LABORATORIO ESPACIAL

Hombres y mujeres de cualquier nacionalidad pueden trabajar en el laboratorio espacial. No tienen que ser astronautas. Pero deben tener algún entrenamiento especial. Hay ejercicios para la gravedad cero. Hay entrenamiento para el manejo doméstico durante los vuelos espaciales.

La lanzadera tiene seis ventanas alrededor del frente y de los lados para obtener mejor visibilidad. Hay dos ventanas arriba y dos ventanas detrás del puente de vuelo con vista al compartimiento de carga.

En el espacio trabajarán en el laboratorio de 7 a 30 días. Cuando no trabajan, viven en el compartimiento de la tripulación.

Se desarrollaron tejas que resisten el calor y se usaron en el *Columbia*.

PRODUCTOS DEL ESPACIO

Muchas cosas de nuestra vida diaria tuvieron su origen en el programa espacial.

Calculadoras para el bolsillo, hornos de microonda y relojes digitales se desarrollaron del programa espacial.

41

Los materiales que resisten el calor usados hoy en la ropa de los bomberos
(arriba) y el equipo avanzado usado para tomar una fotografía sónica del
corazón de un bebé (abajo) fueron desarrollados primero para el programa
espacial.

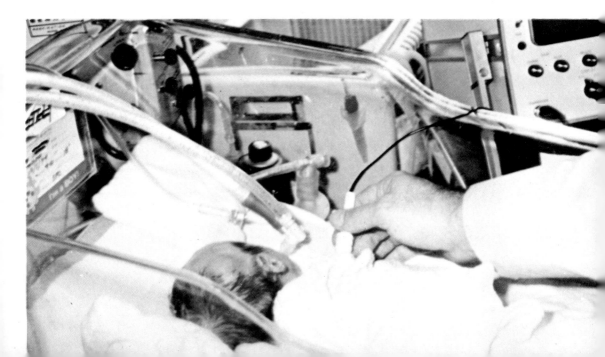

Ropa más liviana y caliente y mejor equipo para combatir incendios se han desarrollado también.

Los marcapasos y muchos tipos de instrumentos para el mantenimiento de la salud también han sido desarrollados.

Y eso no es ni la mitad. Con la lanzadera espacial y el laboratorio espacial, más y más cosas serán descubiertas.

Tal vez nunca quieras vivir en una colonia espacial. Pero es posible que un día tomes un viaje afuera de este mundo. Puede que seas pasajero o trabajador en la extraordinaria lanzadera espacial que va al espacio y regresa.

PALABRAS QUE DEBES SABER

acelerar—levantar por medio de un empuje

astronauta—una persona entrenada para viajar en una nave espacial

caja negra—lugar donde se encuentran las partes que hacen que algo funcione

cámara bajo presión—lugar donde la misma cantidad de aire se mantiene bajo presión

carga útil—carga que puede llevar cualquier vehículo de transporte

clima—temperatura, condiciones de tiempo

colonia—un lugar donde un grupo de personas vivirían juntas

colonizar—hacer un hogar o lugar donde vivir

comandante—persona a cargo, jefe

combustible—cualquier cosa que se quema para producir calor o energía

compartimiento de carga—lugar donde se guardan cosas

compartimiento de vivienda—donde vive la gente

computadora—una máquina que funciona con electrónica de alta velocidad para resolver problemas

electrónico—que funciona por medio de electricidad

emitido—enviado

enorme—muy, muy grande; gigantesco

fabricación—método de hacer un producto

gravedad—la fuerza con la cual la Tierra y otros cuerpos celestes tiran de otras cosas hacia su centro

gravedad cero—un lugar donde no hay fuerza de gravedad

impulsar—empujar con mucha fuerza

órbita—la ruta que toma algo en el espacio

parte trasera—parte de atrás de algo

propulsores—motores que impulsan una astronave

satélite—un cuerpo en órbita en el espacio

INDICE

Sobre la autora

Margaret Friskey, editora emérita del Childrens Press, fue la
editora general de la compañía desde su comienzo en 1945 hasta
que se retiró en 1971. Fue bajo su dirección editorial que
Childrens Press creció hasta convertirse en una importante casa
editorial de obras para la juventud. Aunque ahora tiene más
tiempo libre, sus días no son completamente tranquilos. Pasa
mucho tiempo con sus hijos y nietos, ya que todos ellos viven
cerca de su pequeña casa en Evanston. También tiene más tiempo
para concentrarse en sus escritos.